AF359474

RAPPORT

de la Commission de Surveillance

SUR

l'Expérience du 23 Novembre 1853.

————∽∘⚬∘∼————

Cejourd'hui vingt-huit janvier mil huit cent cinquante-quatre, à quatre heures du soir, se sont réunis sur la convocation des gérants et au siège de la société, à Marseille, Quai du Canal, n. 3, MM. les actionnaires de la Compagnie de la POMPE DE SAUVETAGE ET INDUSTRIELLE

ARNOUX, GUITTON frères et Comp.

Le bureau a été formé de MM. les membres du conseil de surveillance présents :

MM. BLANCHARD, colonel en retraite, commandeur de la Légion-d'honneur, *Président*.

LAUGIER, ARISTIDE, ancien commissaire de marine, chevalier de la Légion-d'honneur.

VIGUIER, JOSEPH, négociant.

LEGROS, FRANÇOIS, négociant, *secrétaire*.

La séance a été ouverte.

M. le président a donné lecture du rapport suivant :

Messieurs,

Dans notre dernière assemblée générale, vous avez bien voulu nous désigner pour composer le conseil de surveillance de votre société.

En acceptant ce mandat, nous avons voulu justifier votre confiance et apporter au bien de votre entreprise, tout le zèle dont nous étions capables.

Après nous être constitués par la nomination d'un président et d'un secrétaire, le premier objet sur lequel nous avons dû porter notre attention, est le mérite de l'invention de M. Arnoux. C'est là, en effet, le fondement de notre entreprise et des succès que nous pouvons espérer. Sans une conviction bien établie à cet égard, il est impossible de trouver en soi-même l'activité, le dévouement nécessaires pour réussir, et sans une démonstration positive, il est impossible d'espérer que les consommateurs répondent à l'appel qu'on leur fait.

Nous avons voulu établir notre conviction sur des expériences, sur des faits réels.

L'expérience n'était, du reste, que fort simple : il suffisait d'avoir un bassin quelconque à vider ; on pouvait savoir par là combien la Pompe de M. Arnoux mettait de temps pour élever à une certaine hauteur une quantité d'eau déterminée.

Cet effet une fois produit, il ne restait plus qu'à comparer la dépense de vapeur exigée par la Pompe avec ce qu'aurait exigé une machine à vapeur ordinaire.

Nous avons donc demandé à M. le gérant de nous faire cette expérience.

Le conseil de surveillance s'y est rendu tout entier. Un de nous avait eu l'heureuse pensée d'y faire assister un ingénieur.

Chacun de nous s'est assuré, par lui-même, des dimensions du bassin qu'il s'agissait de vider, du temps employé à cette opération et du nombre d'atmosphères indiqué par le manomètre de la chaudière à vapeur.

La quantité de vapeur consommée, l'évaluation du nombre de chevaux de force qui en résultait, nous ont été formées par M. l'ingénieur et par notre inventeur, dont les calculs, bien que faits séparément, se sont trouvés parfaitement d'accord.

Il a été fait deux expériences : dans la première, la vapeur étant à 2 1|2 atmosphères, et arrivant de la chaudière dans la Pompe par un tuyau de 2 centimètres de diamètre, 13,770 litres d'eau ont été élevés à une hauteur moyenne de 3 mètres, en 4 minutes 30 secondes.

Dans la seconde, la tension de la vapeur n'était plus que de 2 atmosphères, et la même quantité d'eau a été élevée à la même hauteur dans le même temps.

L'identité des résultats entre ces deux expériences

prouve que, dans la première, il avait été employé plus de vapeur que n'en exigeait le fonctionnement de la Pompe. Il n'y a donc lieu à s'occuper que de la seconde, pour la comparaison à faire entre la Pompe de M. Arnoux et une machine à vapeur ordinaire.

Dans cette seconde expérience, l'effet utile ayant été de 13,770 litres d'eau élevés à 3 mètres en 4 minutes 30 secondes, ou soit 270 secondes, cet effet représente 3 fois 13,770 litres ou soit 41,310, élevés seulement à 1 mètre, au lieu de 3, en 270 secondes, ce qui donne, pour une seconde et pour un mètre d'élévation, 153 litres ou 153 kilogrammes.

L'unité de force, appelée cheval, est de 75 kilog. élevés à 1 mètre en une seconde, et comme l'appareil à vapeur le mieux perfectionné utilise au plus 75 °/₀ de cette force, un cheval de force ne peut compter comme effet utile que pour 56 kilogrammmètres en une seconde.

Il faudrait donc pour élever les 153 litres ou kilog. deux chevaux 73|100 de force, puisque 56 est contenu dans 153 deux fois 73|100.

Or, la quantité de vapeur employée par la Pompe de M. Arnoux, pendant la deuxième expérience, a été de 33 mètres et représentant à peine 1 cheval 35|100.

La différence en faveur de la Pompe de M. Arnoux, est donc de 1 cheval 37|100, c'est-à-dire de 50 °/₀ sur la machine à vapeur ordinaire. Ce résultat, dû à l'absence de frottement et à une meilleure utilisation de la vapeur, établit mieux le mérite de l'invention que toutes les descriptions et les explications que nous pourrions donner. C'est donc à juste titre que notre société peut présenter cette invention au public sous le double titre de Pompe de Sauvetage et Industrielle.

Ces deux titres se justifient parfaitement.

Sous le rapport du sauvetage, c'est principalement aux navires à vapeur que notre Pompe est destinée. Un bateau muni de cet appareil pourra, avec une petite quantité de vapeur, parer à la voie d'eau la plus considérable. Il n'y aura que les cas extrêmes, qui sont rares, qui ne pourront pas profiter de ce secours.

L'invention que notre société se propose d'exploiter pourra donc délivrer la navigation d'un grand danger, diminuer les chances de mortalité pour la classe si intéressante des gens de mer, et en même temps diminuer les chances de pertes du commerce.

Cette Pompe peut aussi s'appliquer aux navires à voiles au moyen d'une petite chaudière à l'alcool; mais c'est principalement sur la navigation à vapeur qu'il faut compter, et cette navigation prend tous les jours une extension plus grande.

Sous le rapport industriel, notre invention se présente avec un caractère encore mieux marqué de généralité.

Elle trouve son application dans toutes les occasions où il s'agit d'élever de l'eau.

Elle réduit les frais à la moitié. Combien de desséchements que l'on n'exécute pas à cause de la dépense que cette opération exige, et qui donneraient de grands bénéfices si on réduisait cette dépense à la moitié. Le plus grand nombre des départements en France contiennent des surfaces d'eau qui rendent improductifs de vastes terrains. L'économie que la Pompe de M. Arnoux présente sur les machines ordinaires, fournira les moyens de rendre à la culture et à la production ces dépôts d'eau aujourd'hui inutiles et même nuisibles.

L'irrigation deviendra aussi bien plus facile et bien plus abordable pour chaque propriété.

Aujourd'hui, on est obligé, pour obtenir la hauteur nécessaire, de prendre l'eau pour l'irrigation, à une grande distance du sol auquel cette eau est destinée, et de l'y conduire par de longs canaux et des ouvrages d'arts très coûteux. C'est ce qui a rendu impossible, jusqu'à ce jour, l'irrigation de la Camargue.

Avec la Pompe de M. Arnoux, on pourra la prendre sur place toutes les fois qu'il ne s'agira pas de l'élever à plus de 9 à 10 mètres, et c'est le plus grand nombre de cas.

Avec l'économie que notre invention présente, on peut même aller jusqu'à se procurer, avec une quantité d'eau, une force motrice suffisante pour une usine.

On pourrait, en effet, après avoir recueilli l'eau dans un bassin, l'élever à la hauteur de 9 à 10 mètres et utiliser sa chute dans le bassin même, pour faire mouvoir une roue hydraulique. Il suffirait d'avoir assez d'eau pour parer à l'évaporation et à la petite déperdition, résultant du mouvement des eaux.

Le calcul nous démontre que la Pompe qui a servi à nos expériences et qui n'exige qu'une dépense d'un cheval, 37 centièmes, donnerait, par cette application, plus de cinq chevaux.

Ajoutons que la Pompe de M. Arnoux est d'une excessive simplicité dans son mécanisme, et qu'elle n'exige, pour être dirigée dans son fonctionnement, ni mécanicien habile, ni chauffeur exercé, ce qui est encore une économie.

Nous pouvons donc conclure que l'invention que notre société va exploiter, est une chose utile et loyale, et que ses applications en seront nombreuses et variées. Nous pouvons avoir confiance dans l'avenir.

Voilà, Messieurs, l'exposé exact et fidèle de ce que nous avons fait; nous croyons avoir mérité votre approbation. Nous continuerons à nous dévouer, dans la limite de notre mandat, au bien et au succès de notre entreprise.

L'assemblée, à l'unanimité, a délibéré la publication du présent rapport.

Après quelques explications échangées entre divers membres, l'assemblée a, en outre, voté le départ pour Paris de M. Arnoux, afin qu'il sollicite la nomination d'une commission pour faire fonctionner devant elle la POMPE DE SAUVETAGE ET INDUSTRIELLE, et qu'un rapport puisse être présenté au gouvernement sur ces expériences.

La délibération étant terminée, M. le président a levé la séance.

Ont signé: BLANCHARD, Aristide LAUGIER, VIGUIER, COLLAVIER D'ALBICI, DE LAVIT et LEGROS.

EXPOSÉ DE L'INVENTEUR M. ARNOUX ,

INGÉNIEUR-MÉCANICIEN,

A MM. les Membres du Conseil de Surveillance de la Société.

MESSIEURS ,

Dans un moment où les efforts de tant d'hommes intelligents convergent vers l'amélioration de la marine à vapeur et les applications industrielles du puissant moteur découvert par le génie de Papin , on est heureux d'être secondé , dans ses recherches, par des hommes dont le nom est une garantie d'honneur et de probité. Je l'ai tellement senti que , malgré la démonstration matérielle des effets de la **Pompe de Sauvetage et Industrielle** , j'ai besoin qu'il n'y ait rien de caché pour vous dans les moyens que j'emploie pour obtenir les résultats que vous avez constatés. C'est ainsi que je comprends le lien que le suffrage de l'assemblée générale des actionnaires a établi entre vous et moi. C'est par une entière confiance que je veux répondre au patronage que votre honorabilité et vos lumières veulent bien accorder à mon œuvre aux yeux d'une population habituée dès longtemps à en connaître tout le prix.

La **Pompe de Sauvetage et Industrielle** a pour buts principaux : le sauvetage des navires en cas de voies d'eau , quelle qu'en soit la cause ; la création de chutes pour les roues hydrauliques , les épuisements dans les grands travaux publics et particuliers. Elle doit les remplir dans des conditions d'économie inconnues jusqu'à ce jour. Telles sont les démonstrations que nous voulons établir, afin d'éclairer vos consciences et d'y faire passer la conviction qui nous anime.

Toute machine est un appareil qui , recevant une force naturelle , la transmet et la modifie pour remplir un but proposé. On doit y considérer trois choses : 1° cette même force naturelle qui la fait agir , ou soit le moteur proprement dit ; 2° le mécanisme qui reçoit cette force et qui l'utilise ; 3° le résultat obtenu de cette combinaison , ou l'effet utile.

La **Pompe de Sauvetage et Industrielle** a pour moteurs la vapeur et l'air atmosphérique , l'absorption de ce dernier , par la vapeur, forme le vide dans les cylindres , sert de levier à l'orifice des tuyaux d'aspiration pour soulever la masse d'eau qui s'écoule en vertu de la loi de sa pesanteur quand elle vient à être équilibrée. On peut facilement se rendre compte de la puissance d'aspiration de notre machine en multipliant par 14 les 28 pouces de la colonne de mercure qui fait équilibre à la colonne d'air , puisque l'eau est 14 fois plus légère que ce métal. Nous pouvons donc élever l'eau à 32 pieds 8 pouces, et à cette hauteur nous enlevons 133 gram. par pulsation et par centimètre carré de surface des corps de pompe. Ce poids augmente en raison inverse de la hauteur d'aspiration, de sorte qu'à 6 mètres on soulève 172 gram., c'est-à-dire un tiers de plus avec une machine de la même dimension. L'effet utile de la pompe peut, conséquemment, être facilement apprécié ; la quantité d'eau mise en mouvement étant en raison inverse de la hauteur qu'on veut atteindre.

Ces principes généraux posés, et leurs résultats étant prouvés par de nombreuses expériences et notamment par celle que nous avons eu l'honneur de faire devant vous, examinons les services que peut rendre notre machine.

La vapeur, qui a déjà exercé tant d'influence sur la navigation, n'a pas encore été employée pour concourir au sauvetage dans le cas de voie d'eau déterminée par une cause quelconque ; cependant que de sinistres de ce genre rapportent chaque jour les feuilles publiques ; que de malheurs nous pourrons désormais empêcher.

Quelque soin qu'on apporte, en effet, dans le doublage d'un navire, comment prévenir les catastrophes épouvantables qui peuvent résulter de l'invasion des eaux dans la cale. Bien des systèmes ont été tentés, mais aucun jusqu'ici n'a pu donner des résultats complets. Il y a eu des améliorations dans les pompes ordinaires, mais aucune n'a pu dispenser de l'emploi d'un grand nombre de bras dans les moments critiques d'une voie d'eau se manifestant au sein de la tempête ou d'un combat meurtrier, alors que le concours de tout l'équipage est indispensable pour la manœuvre ou pour repousser l'ennemi. Aucune d'elles, surtout, n'a pu fonctionner sans pistons ni clapets intérieurs qui peuvent être dérangés par la multitude d'objets qui encombrent la cale des bâtiments ; de là souvent l'impossibilité de les faire jouer et les dangers imminents pour les passagers, l'équipage et la cargaison.

Les résultats que doit nous donner notre pompe, résultats déjà confirmés par les expériences de la machine-modèle, établissent qu'elle peut parer à toutes les éventualités d'un naufrage par suite de voie d'eau, quelle que soit l'importance du navire, à moins que la coque ne soit entièrement partagée par un choc. Nous pouvons le démontrer d'une manière rigoureuse et mathématique.

La profondeur de la cale au pont des plus forts bâtiments n'atteint pas 32 pieds 8 pouces. Supposons que nous ayons à opérer dans une pareille position avec une pompe dont les cylindres auraient 1 mètre de diamètre, nous aurons 7853 centimètres de surface, et en enlevant 133 grammes d'eau par pulsation pour un centimètre carré de cette surface, nous viderons la cale de 4177 litres d'eau par chaque minute, pendant laquelle nous donnons quatre pulsations, soit de 250,620 litres par heure. Si nous opérions avec la même machine à une profondeur de 6 mètres seulement, nous élèverions 324,171 litres dans le même laps de temps. Et, en effet, la pompe modèle qui fonctionne dans cette dernière condition, a aspiré 3,200 litres à la minute.

Nous ne craignons donc pas d'être démenti par l'avenir en affirmant que la place de notre machine doit être, dans un temps très rapproché, à bord de tous les navires à vapeur du monde civilisé. La simplicité de sa construction, l'impossibilité d'engorgement par la suppression de pistons et clapets intérieurs, la facilité de son aménagement sur le pont, où elle ne réclame qu'une place très resserrée et un tuyau de quelques centimètres de diamètre qui la mette en contact avec la chaudière, nous donne la juste espérance de l'empressement qu'on mettra à l'adopter. Avec elle, toutes voies d'eau sont presque indifférentes. Les boulets peuvent impunément percer les flancs du navire, il ne coulera pas, tant que la **Pompe de Sauvetage et Industrielle** restera debout; on réparera facilement les avaries, et le capitaine ne sera plus exposé à une hésitation sur les moyens à prendre, qui est, sur mer, un véritable danger à ajouter à tant d'autres. Sans nous laisser distraire du but important que nous nous proposions, nous n'avons pas cependant perdu de vue les applications que nous pouvions faire pour la commodité de l'équipage : c'est ainsi que nous avons ajouté à notre plan primitif, deux tuyaux de raccord plongeant dans la mer, afin d'élever l'eau nécessaire au lavage du pont et à d'autres usages. Ces tuyaux sont indépendants de ceux qui aspirent de la cale, et sont ouverts et fermés à volonté par un volant spécial.

Telle est, Messieurs, notre invention envisagée au point de vue de ses rapports avec la marine à vapeur. Non seulement les faits accomplis, mais encore l'opinion des hommes les plus compétents dans la matière, sont d'accord pour justifier l'importance du problème que nous avons résolu. Je n'insisterai pas davantage sur ce côté si important de notre œuvre. J'aborde maintenant quelques-unes des applications industrielles de la pompe et surtout la question économique.

La puissance d'aspiration de notre pompe étant parfaitement déterminée quant à la quantité d'eau qu'elle élève et à la distance qu'elle lui fait parcourir, nous n'avons plus à revenir sur les chiffres que nous avons posés; ils s'appliquent également à l'industrie et à la navigation.

Dans la création des chutes nous prendrons, pour rendre l'exemple plus sensible, la machine modèle que nous avons établie. En élevant 3200 litres par minute ou 53 litres par seconde, nous avons, à raison de la colonne d'air atmosphérique qui forme un levier de 10 mètres, la force de 7 chevaux effectifs de vapeur. Pour produire ce résultat, que nous obtenons avec l'eau strictement nécessaire qui se renouvelle constamment par l'aspiration, et avec la petite quantité indispensable pour remplacer celle qui se perd par l'évaporation, soit environ 200 litres dans les 24 heures au plus, il faudrait aux meilleures machines à vapeur connues, une force de plus de 10 chevaux et la dépense proportionnelle de combustible. Tout le monde sait, en effet, que le travail du moteur ou effet dynamique est nécessairement plus fort que l'effet utile, car la machine elle-même exige de la force, il faut faire frotter les pompes ordinaires, vaincre les frottements et toutes les pertes dues aux vices de la machine et à son mode de fonctionner. Avec la **Pompe de Sauvetage et Industrielle**, point de

pistons, point de clapets intérieurs, partant point de frottement, point de déperdition par l'ajustage des tiroirs ; nous
n'avons qu'un levier naturel auquel le vide que nous formons
permet d'agir en raison de la loi constante de sa pesanteur
atmosphérique. Avec ce phénomène l'effet utile est égal à
l'effet dynamique.

Pour vous faire apprécier toute l'importance de l'économie
que nous présentons, nous allons faire passer sous vos yeux
un tableau dont les éléments sont puisés aux meilleures
sources, et qui constate la déperdition de force que chaque
espèce de machine subit par suite des causes que nous venons
de signaler.

L'effet dynamique de chaque cheval de vapeur est calculé
à raison de 75 k°˙ élevés, par seconde, à 1 mèt. de hauteur,
et sa dépense est de 5 à 6 k°˙ pour les petites machines et de
4 à 4 1/2 pour les fortes.

L'effet utile dans chaque espèce de machine est ainsi
déterminé suivant leur état.

Machines à basse pression.

EN BON ÉTAT.		EN ÉTAT ORDINAIRE.
De 4 à 10 chev.	50 k°˙	42 k°˙
De 10 à 20 »	56 »	47 »
De 30 à 50 »	60 »	54 »
De 60 à 100 »	65 »	60 k°˙

Machines à haute pression.

EN BON ÉTAT.		EN ÉTAT ORDINAIRE.
De 4 à 10 chev.	33 k°˙	31 k°˙
De 10 à 20 »	42 »	35 »
De 30 à 50 »	50 »	42 »
De 60 à 100 »	60 »	55 »

Ainsi, une machine de la force de notre pompe modèle
à basse pression et en bon état, exigera, pour produire un
effet égal au sien, l'emploi de 10 chevaux, 60 de vapeur
et une dépense de 47 k" 70/100 de combustible par heure,
la consommation de notre pompe ne s'élèvera pas au dessus
de 16 k". 96 gr. Ce résultat est facile à concevoir, car nos
cylindres ne contenant que 9,046 centimètres carrés d'air,
qu'il faut absorber par la vapeur, il nous suffit, pour cette première opération, qui est la plus dispendieuse, de 904 gram.
de houille, puisqu'elle donne 6 kilog. de vapeur représentant
chacun un volume de 1696 centimètres carrés, soit 10176 par
kilog. de combustible. Il suffit ensuite d'entretenir le vide,
c'est-à-dire d'absorber le peu d'air qui est amené par
l'introduction de l'eau dans la proportion de 600 centimètres
carrés d'air, introduit par chaque pulsation. Si l'on pouvait
douter de l'exactitude de notre chiffre, on pourrait s'en
rendre compte en examinant la surface des orifices des tiroirs
distributeurs. Cette surface n'est que de 41 millimètres
et le tuyau conducteur du calorique n'a que 20 millimètres de diamètre.

Si l'on voulait estimer en chevaux la surface de 44 millimètres à 1/25 de la surface du piston, en fonctionnant à une
atmosphère de pression, on obtiendrait, dans ces conditions, 1 cheval, 63/100 de force ; tandis que nous en pro-
duisons 7 effectifs. Les avantages de notre système sont donc
incontestables.

Expérience du 23 novembre 1853.

Effet produit.

13,770 litres ont été enlevés en 4' 30" à une hauteur moyenne de 3 mètres, soit 41,310 k. en 270 secondes, ce qui donne pour une seconde, 153 litres ou k. par 56 k/^{m}, force de l'effet utile du cheval vapeur. Ce résultat représente une force de 2 ch. 73.

La force d'un cheval est de 75 décimètres ou de 75 k/^{m} par seconde ou 4,500 k/^{m} par minute. L'opération a duré 4' 30" fesant 19,350 k/m. Cette force, multipliée par 2 chevaux 73, donne en résultat 52,825 k/m. qui, à la température de 2 atmosphères ou à 121° et à raison d'1 k. 111 grammes par mètre cube de vapeur, représente 58 k. 688 gr. et cette quantité de vapeur aurait exigé pour être produit, 9 k. 781 grammes de charbon. Voilà ce qu'aurait produit une machine à vapeur ordinaire.

Machines Pompe.

Tuyaux de vapeur 0^{m}0,20, surface carrée 3,14, échappement par seconde à 2 atmosphères ou à 121°, 343^c par" par 314,1077. L'opération a duré 270 secondes, ce qui fait 29 k. 079 qui, à la température de 2 atmosphères, et à raison de 1 k. 111 grammes par mètre cube de vapeur, comme ci-dessus, donnent 32 k. 306 grammes de vapeur qui auraient exigé pour être produit, 5 k. 384 grammes de combustible.

Les tiroirs ont été disposés pour fonctionner à une très-basse température et en fonctionnant à une atmosphère et demie de pression ou 318 centimètres par seconde, surface 4,1 centimètre, 13,038^c par 270", 35^m. 292^c, qui, à la température de 112° 40, pèsent 588 grammes, 30 k. 173, et qui auraient exigé pour être produit, 5 k. 28.

Il y a donc une différence de près de moitié dans la consommation du combustible entre la **Pompe de sauvetage** et la machine à vapeur ordinaire pour enlever l'eau.

Combien de communes sont privées jusqu'ici d'un mince filet d'eau indispensable au bien - être et à l'alimentation de leurs habitants ? Combien n'en connaissons-nous pas pour lesquelles un moulin serait un véritable bienfait ? Cependant elles ont dû reculer tantôt devant le chiffre de la dépense qui se trouvait hors de proportion avec leurs ressources ordinaires et extraordinaires, tantôt devant des obstacles qui leur paraissaient insurmontables.

L'industrie particulière, toujours si active, a reculé elle-même devant cette position, soit qu'il s'agit de satisfaire l'intérêt communal, soit qu'on pût l'exploiter à son profit. Avec nous les communes pourront traiter à forfait ou moyennant une redevance modérée, pour établir des fontaines à leur chef-lieu et sur divers points de leur territoire. Les petits industriels, qui doivent s'alimenter par la production locale, trouveront dans notre invention les moyens de réaliser des usines que la pénurie d'eau rendaient impossibles et qui exigeaient des dépenses hors de toute proportion avec leur produit.

La **Pompe de sauvetage et industrielle** est appelée à jouer un grand rôle dans les épuisements qu'exigent les travaux publics ou particuliers.

Quel rôle ne jouera-t-elle pas ? Elle sera employée avec le même avantage pour le desséchement des marais insalubres

·et dont le sol pourra être livré à la culture ; elle sera encore utile dans les pays inondés ; car, l'un des principaux mérites de cette invention, c'est sa mobilité, sa facilité d'installation sur les points qui peuvent réclamer la puissance de son action.

Je ne m'étendrai pas davantage, Messieurs, sur les applications de notre découverte.

Pour résumer, je crois avoir établi que nous avons doté la navigation et l'industrie d'une machine qui, par la combinaison de ses moteurs et par la disposition de son mécanisme, procurera une économie de plus des sept dixièmes dans le combustible pour l'élévation des eaux.

Nous serons heureux, Messieurs, si nous avons fait passer dans vos esprits la conviction qui nous anime, si nous avons prêté à la vérité le langage de la persuasion. S'il en est ainsi, je n'ai pas besoin d'insister auprès de vous, pour obtenir votre aide dans la propagation de cette œuvre, votre concours est assuré d'avance à tout ce qui est grand et utile. Permettez-moi seulement de vous remercier des encouragements que vous avez bien voulu nous donner et que nous nous efforcerons de plus en plus de mériter.

LETTRE DE M. SUQUET,

INGÉNIEUR,

À MM. LES MEMBRES DU CONSEIL DE SURVEILLANCE.

Marseille, le 20 décembre 1853.

MESSIEURS,

Vous me demandez un rapport sur les expériences faites en notre présence, au moulin de St-Giniez, sur la **Pompe de sauvetage et industrielle** de M. Arnoux.

Je m'empresse, Messieurs, de répondre à votre désir autant qu'une visite accidentelle et les quelques notes que j'ai prises à cette époque, me permettront d'établir les résultats de ces expériences.

Au premier abord et après les explications données par

l'inventeur, il est facile d'établir la coïncidence de l'appareil avec les monte-jus et les appareils à pression de vapeur à simple effet qui marquent les premières applications de la vapeur; ces appareils, qui sont d'une grande simplicité, peuvent donner naissance à des combinaisons nouvelles et d'un effet assuré, c'est ce qui a lieu dans la **Pompe de sauvetage et industrielle** de l'invention de M. Arnoux, dont, au premier aspect, on remarque la forme élégante et en même temps la solidité, telle que la nécessite son emploi à la mer.

Dans l'examen du système de **Pompe de sauvetage et industrielle**, je ne veux pas entrer dans des considérations scientifiques et établir des chiffres, qui certainement auraient peu d'attrait pour la masse des lecteurs; mais il est facile de démontrer, même aux personnes les plus étrangères à la mécanique, combien la simplicité du système de M. Arnoux lui donne la supériorité sur ce qui a été fait jusqu'à ce jour.

Faire rendre à une machine le maximum d'effet utile, tel est le pro blme que la mécanique doit résoudre sans cesse; c'est là que sont les perfectionnements possibles, car, la force appliquée étant une dépense de chaque instant, la plus petite économie sur ce point donnera, en somme, de grands bénéfices.

L'application directe de la force, amoindrissant ainsi les pertes dues à la résistance du milieu, aux frottements des organes, est donc, lorsqu'elle est possible, la meilleure des conceptions, surtout si on ne veut pas demander à une machine, par des organes divers, des mouvements variés.

Dans les pompes à simple effet, ce principe devait être appliqué avec avantage, et c'est dans cette idée que réside, surtout, le mérite de l'invention dont nous nous occupons.

Par l'exécution, M. Arnoux est arrivé à faire fonctionner une pompe, où la vapeur appliquée directement n'a à vaincre ni frottement de piston , ni adhérence de soupape , ni pertes dues aux transmissions.

Deux grands cylindres, ayant dans la machine modèle 0 ᵐ, 80 de diamètre, sur 1 ᵐ, 80 de hauteur, forment le corps aspirant mis en communication, d'un côté, avec le réservoir, par un tuyau garni de clapets; de l'autre, avec une chaudière à vapeur.

Après que la vapeur a rempli la capacité aspirante, elle est condensée au moyen d'un appareil injectant, dont l'engencement est remarquable ; le vide s'opérant , l'eau, élevée par la pression atmosphérique, et chassée au dehors par la pression de la vapeur, plusieurs avantages sont obtenus ; mais le premier , à nos yeux, est l'économie; en effet, dans ce système, pas de perte possible ; la puissance et la résistance sont mises directement en contact, sans intermédiaire, qui s'empare d'une partie de la force appliquée.

Pendant les expériences dont nous avons été témoins, 13.770 litres d'eau ont été élevés en quatre minutes et demie, à une hauteur moyenne de 3 ᵐ, ce qui donne 153 litres par seconde à un mètre de hauteur. Quel était l'effort employé pour obtenir ce résultat; en calculant, nous sommes arrivés à une dépense de vapeur largement inférieure à la quantité nécessaire pour produire le même effet au moyen des pompes mues par machines, et cependant dans l'expérience dont nous avons calculé les données, l'expérimentateur s'était placé dans des conditions défavorables, puisque dans l'expérience qui suivit, la pression dans la chaudière ayant diminué d'une atmosphère, les mêmes résultats furent obtenus, quoique la dépense en vapeur fut moindre. Cette question d'économie n'est pas la seule qui soit en faveur de ce système; dans son application à bord des navires à vapeur, la simplicité de ses organes, la solidité, et surtout le peu de cause de dérangement, doivent être prises en considération, car souvent c'est la seule ressource de sauvetage.

Si l'on ajoute qu'en temps ordinaire, elle peut fonctionner à de basses pressions, de manière à employer les échappements de vapeur, et rendre ainsi utile une force perdue, que dans tous les cas son service est peu coûteux, nous prévoyons le moment où, par la transformation des navires à voiles en navires mixtes, cet appareil deviendra l'annexe obligé de tout système à vapeur, donnant ainsi toute sécurité au commerce, et une force de plus aux navires de guerre, par la certitude de pouvoir franchir les voies d'eau les plus meurtrières.

Quant à son application aux machines fixes, ses avantages sont les mêmes, et tant que l'on n'a pas à prendre l'eau à des profondeurs maximum, ces pompes, par leur puissance, peuvent être d'une bonne application dans les desséchements des marais : n'employant qu'un générateur d'une petite dimension, elles seraient d'une pose facile et transportable.

Enfin, Messieurs, sous tous les rapports, je me plais à reconnaître que l'ingénieuse application, par M. Arnoux, de deux principes connus, est destinée à faire évènement dans toutes les industries, employant les pompes aspirantes simples ; et je ne doute pas que la compagnie qui a entrepris de donner l'essor à cette invention, ne trouve bientôt, dans des bénéfices considérables, la juste rémunération de l'appui qu'elle a donné à l'inventeur.

RAPPORT DE M. ARNOUX,

un des Gérants,

Sur la tentative du renflouement et sauvetage du navire James-Corner,

ÉCHOUÉ A FARAMAND LE 22 JANVIER 1854.

Au delà des embouchures du Rhône.

MESSIEURS,

D'après les propositions qui nous avaient été faites par les propriétaires du navire *James-Corner*, échoué à Faramand, nous avons consenti à essayer de le renflouer au moyen de notre pompe, celle qui avait servi aux essais.

Je ne parlerai pas de la peine que nous avons eue à aborder cette plage sans abri et très exposée au vent. Il me suffira de dire que, parti de Marseille le 17 février avec le bateau à vapeur le *Golo*, les vents violents qui régnaient à cette époque, ne nous permirent d'approcher du *James-Corner* qu'après douze jours de vains efforts; c'est-à-dire le 2 mars suivant.

Ce navire était échoué depuis le 22 janvier ; sa contenance est d'environ 1200 tonneaux ; il était chargé de tabac et farine. Au moment où nous l'avons accosté, le pont était à 60 centimètres au dessous du niveau de la mer ; les bastingages dépassaient encore la surface de l'eau de 30 centimètres de l'avant et de 1 mètre 50 de l'arrière, y compris la dunette. J'hésitai à commencer l'opération de l'épuisement du navire et je fis observer au représentant des propriétaires du bâtiment que, si les bordages avaient éprouvé une rupture plus ou moins considérable, les efforts de toutes les pompes du monde seraient impuissants.

Nous recherchâmes s'il y avait quelque rupture dans les flancs du navire, mais la mer étant toujours très agitée, cette recherche ne put être faite que très imparfaitement.

Or, l'existence de cette rupture était jusques là une chose incertaine ; c'est dans ces conditions que je consentis à faire une tentative. La pompe fut placée sur un plancher que j'appuyai sur les bastingages. Le temps nous contraria encore beaucoup, en sorte que l'appareil ne fut prêt à fonctionner que le 13 mars.

La pompe opéra avec la même force et la même régularité que nous avons remarqué dans les diverses expériences faites à Marseille. En très peu de temps, l'eau qui remplissait le navire baissa de 19 centimètres, lorsque tout à coup elle reprit instantanément son premier niveau, qui était celui de la mer.

Peu d'instants après, la pompe se trouva dans l'impossibilité de fonctionner, par suite de la force de son aspiration ; tant qu'il ne s'était présenté que des feuilles de tabac, elles avaient été emportées, mais des ballots étant venus se présenter à l'orifice du tuyau, la force de l'aspiration en fesait pour ainsi dire un tampon, qui interceptait tout passage à l'eau.

Le lendemain, 14 mars, je pris des précautions pour que cet inconvénient ne se renouvelât plus. Le 15 nous recommençâmes à fonctionner; pendant une heure 20 ^{m}, nous n'obtimmes pas le moindre abaissement du niveau de l'eau dans l'intérieur du navire, mais après ce temps, nous remarquâmes que l'eau, rejetée par la pompe, qui était alors jaunâtre par suite de la dissolution des feuilles de tabac, devint parfaitement claire; il était évident que nous avions vidé l'eau contenue dans le navire, et que nous pompions uniquement de l'eau que la mer fournissait par une ouverture qui devait être considérable.

La pompe avait donné 3,840 litres par minute.

Nous recommençâmes immédiatement les recherches de cette ouverture, et le temps se trouvant ce jour-là plus calme, nous finîmes par découvrir qu'il existait derrière le navire une ouverture résultant de l'enlèvement d'une pièce de bois, d'une surface de 6,380 centimètres carrés (63/100 d'un mètre carré).

Il était impossible de lutter contre une invasion aussi puissante, en supposant même qu'il n'y eut pas une autre voie d'eau. Il ne restait qu'à isoler le reste du navire de cette ouverture : c'est ce que je fis, en établissant un batardeau dans l'intérieur du navire, sur tout l'arrière, avec des planches, de l'argile et des algues; ce travail fut terminé le 19.

Le 20, la mer étant devenue très grosse par le vent d'Est, le navire fut submergé au point que l'eau arrivait dans le fourneau de la chaudière, tout paraissait perdu, lorsque, le 21, le vent ayant passé à l'ouest, le navire fut soulevé et porté à environ 100 mètres plus près de terre. La chaudière et la pompe se trouvèrent alors dégagées de l'eau, mais le batardeau avait été détruit, et le navire cassé entre le mât d'artimon et le grand mât.

Il n'y avait plus rien à faire qu'à ramener notre pompe à Marseille.

Vous voyez, Messieurs, par tous ces détails dont beaucoup de personnes ont été témoins, et notamment M. Crilanovich, co-propriétaire du navire, que nous avons été empêchés, par des circonstances de force majeure, de faire ce qu'on peut appeler une tentative réelle et sérieuse. La pompe n'a réellement opéré que dans la journée du 13, lorsque, en peu de temps, elle fit baisser le niveau intérieur du navire de 19 centimètres. A ce moment l'ouverture que nous avons découverte plus tard, se trouvait obstruée par un accident du sol argileux, sur lequel le navire reposait; la diminution de l'eau dans l'intérieur du navire ayant déterminé un mouvement qui changeait cette disposition, l'eau fit invasion par une ouverture telle, qu'en réalité c'était la mer qu'il aurait fallu épuiser, et même dans la journée du 15, il a suffi d'une heure 20, pour renouveler entièrement l'eau du navire. Nous devions vous faire connaître toutes ces circonstances, pour vous convaincre que ce n'était pas par insuffisance de force que cette tentative avait échoué.

LETTRE DE M. A^{phe} CRILANOVICH

A M. L. ARNOUX

relative

A la tentative de renflouement et sauvetage du navire

JAMES-CORNER.

— ❧ —

Marseille, le 17 avril 1854

MON CHER MONSIEUR ARNOUX,

Je suis sur le point de m'absenter de Marseille, et comme il est possible que je n'aie pas le plaisir de vous revoir avant mon départ, je vous écris ces quelques lignes pour vous remercier de nouveau de toute la sollicitude et de l'activité que vous avez déployés dernièrement auprès de moi, dans la tentative de sauvetage du navire *James-Corner*, au moyen de votre belle invention de la **Pompe de sauvetage**.

Je regrette, et pour vous et pour moi, que nous n'ayons pas connu exactement, au préalable, l'état dudit navire, car nous n'eussions pas fait l'essai d'un relèvement impossible par les seuls moyens d'épuisements, essai qui ne pouvait que nous donner beaucoup de mal en nous occasionnant beaucoup de frais.

Mais, enfin, ce qui est fait est fait, n'y pensons plus. Il me reste, d'ailleurs, la satisfaction d'avoir vu fonctionner sur le navire votre pompe avec une vigueur et une régularité dont je ne saurais trop vous témoigner mon admiration, et qui me font augurer les plus beaux succès pour votre invention. Je ne mets pas en doute qu'aussitôt que l'on aura pu apprécier comme moi les effets surprenants de cette pompe, on ne s'empresse de l'adopter à bord de tous les vapeurs, et surtout à bord des navires de l'État pour lesquels, en tout temps et bien plus en temps de guerre, elle sera un bienfait précieux et qui vous méritera la reconnaissance de tous les hommes de mer.

Je suis persuadé, mon cher Monsieur ARNOUX, que bientôt tout le monde partagera mon admiration pour votre découverte. Vous savez que, quant à moi, j'y joins les plus grandes sympathies, pour vous personnellement, car j'aime les hommes de cœur et d'intelligence comme vous.

Continuez courageusement votre œuvre, ainsi que vous l'avez commencée, et soyez bien sûr que le succès ne vous manquera pas.

Je vous serre affectueusement la main.

A. CRILANOVICH.

Pompe de Sauvetage pour la Navigation de m. 0,15ᶜ de diamètre : F.

EAU ÉLEVÉE PAR MINUTE									
à 1 mètre de hauteur.	à 2 mètres de hauteur.	à 3 mètres de hauteur.	à 4 mètres de hauteur.	à 5 mètres de hauteur.	à 6 mètres de hauteur.	à 7 mètres de hauteur.	à 8 mètres de hauteur.	à 9 mètres de hauteur.	à 10 mètres de hauteur
936 litres ou Kil.	363 litres ou Kil.	242 litres ou Kil.	181 litres ou Kil.	145 litres ou Kil.	121 litres ou Kil.	103 litres ou Kil.	90 litres ou Kil.	80 litres ou Kil	72 litres ou Kil.

Pompe Industrielle de m. 0,15ᶜ de diamètre : F.

EAU ÉLEVÉE PAR MINUTE									
à 1 mètre de hauteur.	à 2 mètres de hauteur.	à 3 mètres de hauteur.	à 4 mètres de hauteur.	à 5 mètres de hauteur.	à 6 mètres de hauteur.	à 7 mètres de hauteur.	à 8 mètres de hauteur.	à 9 mètres de hauteur.	à 10 mètres de hauteur.
936 litres ou Kil.	363 litres ou Kil.	242 litres ou Kil.	181 litres ou Kil.	145 litres ou Kil.	121 litres ou Kil.	103 litres ou Kil.	90 litres ou Kil	80 litres ou Kil.	72 litres ou Kil.

3

Pompe de Sauvetage pour la Navigation de m. 0,20ᶜ de diamètre : F.

EAU ELEVÉE PAR MINUTE									
à 1 mètre de hauteur.	à 2 mètres de hauteur.	à 3 mètres de hauteur.	à 4 mètres de hauteur.	à 5 mètres de hauteur.	à 6 mètres de hauteur.	à 7 mètres de hauteur.	à 8 mètres de hauteur.	à 9 mètres de hauteur.	à 10 mètres de hauteur.
1,670 litres ou kil.	648 litres ou kil.	432 litres ou kil.	324 litres ou kil.	259 litres ou kil.	216 litres ou kil.	185 litres ou kil.	162 litres ou kil.	144 litres ou kil.	129 litres ou kil.

Pompe Industrielle de m. 0,20ᶜ de diamètre : F.

EAU ELEVÉE PAR MINUTE									
à 1 mètre de hauteur.	à 2 mètres de hauteur.	à 3 mètres de hauteur.	à 4 mètres de hauteur.	à 5 mètres de hauteur.	à 6 mètres de hauteur.	à 7 mètres de hauteur.	à 8 mètres de hauteur.	à 9 mètres de hauteur.	à 10 mètres de hauteur.
1,670 litres ou kil.	648 litres ou kil.	432 litres ou kil.	324 litres ou kil.	259 litres ou kil.	216 litres ou kil.	185 litres ou kil.	162 litres ou kil.	144 litres ou kil.	129 litres ou kil.

Pompe de Sauvetage pour la Navigation de m. 0,25ᶜ de diamètre : F.

EAU ELEVÉE PAR MINUTE

à 1 mètre de hauteur.	à 2 mètres de hauteur.	à 3 mètres de hauteur.	à 4 mètres de hauteur.	à 5 mètres de hauteur.	à 6 mètres de hauteur.	à 7 mètres de hauteur.	à 8 mètres de hauteur.	à 9 mètres de hauteur.	à 10 mètres de hauteur.
2,447 litres ou kil.	950 litres ou kil.	633 litres ou kil.	475 litres où kil.	380 litres ou kil	316 litres ou kil.	271 litres ou kil	237 litres ou kil.	211 litres ou kil.	189 litres ou kil

Pompe Industrielle de m. 0,25ᶜ de diamètre : F.

EAU ELEVÉE PAR MINUTE

à 1 mètre de hauteur.	à 2 mètres de hauteur.	à 3 mètres de hauteur.	à 4 mètres de hauteur.	à 5 mètres de hauteur.	à 6 mètres de hauteur.	à 7 mètres de hauteur.	à 8 mètres de hauteur.	à 9 mètres de hauteur.	à 10 mètres de hauteur.
2,447 litres ou kil.	950 litres ou kil.	633 litres ou kil.	475 litres ou Kil.	380 litres ou Kil.	316 litres ou kil.	271 litres ou kil.	237 litres ou Kil.	211 litres ou Kil.	189 litres ou kil.

Pompe de Sauvetage pour la Navigation de m. 0,30c de diamètre : F.

EAU ÉLEVÉE PAR MINUTE

à 1 mètre de hauteur.	à 2 mètres de hauteur.	à 3 mètres de hauteur.	à 4 mètres de hauteur.	à 5 mètres de hauteur.	à 6 mètres de hauteur.	à 7 mètres de hauteur.	à 8 mètres de hauteur.	à 9 mètres de hauteur.	à 10 mètres de hauteur.
3,755 litres ou Kil.	1,458 litres ou Kil.	972 litres ou Kil.	729 litres ou Kil.	583 litres ou Kil.	486 litres ou Kil.	416 litres ou Kil.	364 litres ou Kil.	324 litres ou Kil.	290 litres ou Kil

Pompe Industrielle de m. 0,30c de diamètre : F.

EAU ÉLEVÉE PAR MINUTE

à 1 mètre de hauteur.	à 2 mètres de hauteur.	à 3 mètres de hauteur.	à 4 mètres de hauteur.	à 5 mètres de hauteur.	à 6 mètres de hauteur.	à 7 mètres de hauteur.	à 8 mètres de hauteur.	à 9 mètres de hauteur.	à 10 mètres de hauteur.
3,755 litres ou kil.	1,458 litres ou kil.	972 litres ou kil.	729 litres ou kil.	583 litres ou kil.	486 litres ou kil.	416 litres ou kil.	364 litres ou kil.	324 litres ou kil.	290 litres ou kil.

Pompe de Sauvetage pour la Navigation de m. 0,40^c de diamètre : F.

EAU ELEVÉE PAR MINUTE									
à 1 mètre de hauteur.	à 2 mètres de hauteur.	à 3 mètres de hauteur.	à 4 mètres de hauteur.	à 5 mètres de hauteur.	à 6 mètres de hauteur.	à 7 mètres de hauteur.	à 8 mètres de hauteur.	à 9 mètres de hauteur.	à 10 mètres de hauteur.
6,681 litres ou kil.	2,595 litres ou kil.	1,730 litres ou kil.	1,297 litres ou kil.	1,037 litres ou kil.	865 litres ou kil	744 litres ou kil.	648 litres ou kil.	577 litres ou kil.	547 litres ou kil.

Pompe Industrielle de m. 0,40^c de diamètre : F.

EAU ELEVÉE PAR MINUTE									
à 1 mètre de hauteur.	à 2 mètres de hauteur.	à 3 mètres de hauteur.	à 4 mètres de hauteur.	à 5 mètres de hauteur.	à 6 mètres de hauteur.	à 7 mètres de hauteur.	à 8 mètres de hauteur.	à 9 mètres de hauteur.	à 10 mètres de hauteur.
6,681 litres ou kil.	2,595 litres ou kil.	1,730 litres ou kil.	1,297 litres ou kil.	1,037 litres ou kil.	865 litres ou kil.	741 litres ou kil.	648 litres ou kil.	577 litres ou kil.	547 litres ou kil.

Pompe de Sauvetage pour la Navigation de m. 0,50ᶜ de diamètre : F.

EAU ÉLEVÉE PAR MINUTE.

à 1 mètre de hauteur.	à 2 mètres de hauteur.	à 3 mètres de hauteur.	à 4 mètres de hauteur.	à 5 mètres de hauteur.	à 6 mètres de hauteur.	à 7 mètres de hauteur.	à 8 mètres de hauteur.	à 9 mètres de hauteur.	à 10 mètres de hauteur.
10,443 litres ou kil.	4,056 litres ou kil	2,704 litres ou kil.	2,028 litres ou kil.	1,622 litres ou kil.	1,352 litres ou kil.	1,158 litres ou kil.	1,012 litres ou kil.	902 litres ou kil.	808 litres ou kil.

Pompe Industrielle de m. 0,50ᶜ de Diamètre : F.

EAU ÉLEVÉE PAR MINUTE.

à 1 mètre de hauteur.	à 2 mètres de hauteur.	à 3 mètres de hauteur.	à 4 mètres de hauteur.	à 5 mètres de hauteur.	à 6 mètres de hauteur.	à 7 mètres de hauteur.	à 8 mètres de hauteur.	à 9 mètres de hauteur.	à 10 mètres de hauteur.
10,443 litres ou kil.	4,056 litres ou kil	2,704 litres ou kil.	2,028 litres ou kil.	1,622 litres ou kil.	1,352 litres ou kil.	1,158 litres ou kil.	1,012 litres ou kil.	902 litres ou kil.	808 litres ou kil.

Pompe de Sauvetage pour la Navigation de m. 0,60ᶜ de diamètre : F.

EAU ÉLEVÉE PAR MINUTE									
à 1 mètre de hauteur.	à 2 mètres de hauteur.	à 3 mètres de hauteur.	à 4 mètres de hauteur.	à 5 mètres de hauteur.	à 6 mètres de hauteur.	à 7 mètres de hauteur.	à 8 mètres de hauteur.	à 9 mètres de hauteur.	à 10 mètres de hauteur.
15,039 litres ou kil.	5,841 litres ou kil.	3,894 litres ou kil.	2,920 litres ou kil.	2.336 litres ou kil.	1,947 litres ou kil.	1,668 litres ou kil.	1,458 litres ou kil.	1,300 litres ou kil.	1,164 litres ou kil.

Pompe Industrielle de m. 0,60ᶜ de diamètre : F.

EAU ÉLEVÉE PAR MINUTE									
à 1 mètre de hauteur.	à 2 mètres de hauteur.	à 3 mètres de hauteur.	à 4 mètres de hauteur.	à 5 mètres de hauteur.	à 6 mètres de hauteur.	à 7 mètres de hauteur.	à 8 mètres de hauteur.	à 9 mètres de hauteur.	à 10 mètres de hauteur.
15,039 litres ou kil.	5,841 litres ou kil.	3,894 litres ou kil.	2,920 litres ou kil.	2,336 litres ou kil.	1,947 litres ou kil.	1,668 litres ou kil.	1,458 litres ou kil.	1,300 litres ou kil.	1,164 litres ou Kil.

Pompe de Sauvetage pour la Navigation de m. 0,70ᶜ de diamètre : F.

EAU ELEVÉE PAR MINUTE									
à 1 mètre de hauteur.	à 2 mètres de hauteur.	à 3 mètres de hauteur.	à 4 mètres de hauteur.	à 5 mètres de hauteur.	à 6 mètres de hauteur.	à 7 mètres de hauteur.	à 8 mètres de hauteur.	à 9 mètres de hauteur.	à 10 mètres de hauteur.
20,471 litres ou kil.	7,951 litres ou kil.	5,301 litres ou kil.	3,975 litres ou kil.	3,179 litres ou kil.	2,650 litres ou kil.	2,271 litres ou kil.	1.985 litres ou kil.	1,770 litres ou Kil	1,585 litres ou Kil.

Pompe Industrielle de m. 0,70ᶜ de diamètre : F.

EAU ELEVÉE PAR MINUTE									
à 1 mètre de hauteur.	à 2 mètres de hauteur.	à 3 mètres de hauteur.	à 4 mètres de hauteur.	à 5 mètres de hauteur.	à 6 mètres de hauteur.	à 7 mètres de hauteur.	à 8 mètres de hauteur.	à 9 mètres de hauteur.	à 10 mètres de hauteur.
20,471 litres ou Kil.	7,951 litres ou Kil.	5,301 litres ou Kil.	3,975 litres ou Kil.	3,179 litres ou Kil.	2,650 litres ou Kil.	2,271 litres ou Kil.	1,985 litres ou Kil.	1,770 litres ou Kil.	1,585 litres ou Kil.

Pompe de Sauvetage pour la Navigation de m. 0,80ᶜ de diamètre : F.

EAU ÉLEVÉE PAR MINUTE									
à 1 mètre de hauteur.	à 2 mètres de hauteur.	à 3 mètres de hauteur.	à 4 mètres de hauteur.	à 5 mètres de hauteur.	à 6 mètres de hauteur.	à 7 mètres de hauteur.	à 8 mètres de hauteur.	à 9 mètres de hauteur.	à 10 mètres de hauteur
26,738 litres ou Kil.	10,385 litres ou Kil.	6,923 litres ou Kil.	5,192 litres ou Kil.	4,153 litres ou Kil.	3,469 litres ou Kil.	2,966 litres ou Kil.	2,593 litres ou Kil.	2,311 litres ou Kil	2,070 litres ou Kil.

Pompe Industrielle de m. 0,80ᶜ de diamètre : F.

EAU ÉLEVÉE PAR MINUTE									
à 1 mètre de hauteur.	à 2 mètres de hauteur.	à 3 mètres de hauteur.	à 4 mètres de hauteur.	à 5 mètres de hauteur.	à 6 mètres de hauteur.	à 7 mètres de hauteur.	à 8 mètres de hauteur.	à 9 mètres de hauteur.	à 10 mètres de hauteur.
26,738 litres ou Kil.	10,385 litres ou Kil.	6,923 litres ou Kil.	5,192 litres ou Kil.	4,153 litres ou Kil.	3,469 litres ou Kil.	2,966 litres ou Kil.	2,593 litres ou Kil.	2,311 litres ou Kil	2,070 litres ou Kil.

Pompe de Sauvetage pour la Navigation de m. 0,90 de diamètre : F.

EAU ELEVÉE PAR MINUTE									
à 1 mètre de hauteur.	à 2 mètres de hauteur.	à 3 mètres de hauteur.	à 4 mètres de hauteur.	à 5 mètres de hauteur.	à 6 mètres de hauteur.	à 7 mètres de hauteur.	à 8 mètres de hauteur.	à 9 mètres de hauteur.	à 10 mètres de hauteur.
33,840 litres ou kil.	13,144 litres ou kil.	8,762 litres ou kil.	6,572 litres ou kil.	5,256 litres ou kil.	4,381 litres ou kil.	3,754 litres ou kil.	3,282 litres ou kil.	2,926 litres ou kil.	2,620 litres ou kil.

Pompe Industrielle de m. 0,90 de diamètre : F.

EAU ELEVÉE PAR MINUTE									
à 1 mètre de hauteur.	à 2 mètres de hauteur.	à 3 mètres de hauteur.	à 4 mètres de hauteur.	à 5 mètres de hauteur.	à 6 mètres de hauteur.	à 7 mètres de hauteur.	à 8 mètres de hauteur.	à 9 mètres de hauteur.	à 10 mètres de hauteur.
33,840 litres ou kil.	13,144 litres ou kil.	8,762 litres ou kil.	6,572 litres ou kil.	5,256 litres ou kil.	4,381 litres ou kil.	3,754 litres ou kil.	3,282 litres ou kil.	2,926 litres ou kil.	2,620 litres ou kil.

Pompe de Sauvetage pour la Navigation de 1 m. de diamètre : F.

EAU ELEVÉE PAR MINUTE									
à 1 mètre de hauteur.	à 2 mètres de hauteur.	à 3 mètres de hauteur.	à 4 mètres de hauteur.	à 5 mètres de hauteur.	à 6 mètres de hauteur.	à 7 mètres de hauteur.	à 8 mètres de hauteur.	à 9 mètres de hauteur.	à 10 mètres de hauteur.
41,777 litres ou kil.	16,227 litres ou kil.	10,818 litres ou kil.	8,143 litres ou kil.	6,489 litres ou kil	5,409 litres ou kil.	4,635 litres ou kil	4,052 litres, ou kil.	3,612 litres ou kil.	3,235 litres ou kil

Pompe Industrielle de 1 m. de diamètre : F.

EAU ELEVÉE PAR MINUTE									
à 1 mètre de hauteur.	à 2 mètres de hauteur.	à 3 mètres de hauteur.	à 4 mètres de hauteur.	à 5 mètres de hauteur.	à 6 mètres de hauteur.	à 7 mètres de hauteur.	à 8 mètres de hauteur.	à 9 mètres de hauteur.	à 10 mètres de hauteur.
41,777 litres ou kil.	16,227 litres ou kil.	10,818 litres ou kil.	8,143 litres ou kil.	6,489 litres ou kil.	5,409 litres ou kil.	4,635 litres ou kil.	4,052 litres ou kil.	3,612 litres ou kil.	3,235 litres ou kil.

Pompe de Sauvetage pour la Navigation de 1 m. 10ᵉ de diamètre : F.

EAU ÉLEVÉE PAR MINUTE									
à 1 mètre de hauteur.	à 2 mètres de hauteur.	à 3 mètres de hauteur.	à 4 mètres de hauteur.	à 5 mètres de hauteur.	à 6 mètres de hauteur.	à 7 mètres de hauteur.	à 8 mètres de hauteur.	à 9 mètres de hauteur.	à 10 mètres de hauteur.
50,555 litres ou Kil.	19,636 litres ou Kil.	13,091 litres ou Kil.	9,818 litres ou Kil.	7,853 litres ou Kil.	6,545 litres ou Kil.	5,609 litres ou Kil.	4,903 litres ou Kil.	4,371 litres ou Kil.	3,915 litres ou Kil

Pompe Industrielle de 1 m. 10ᵉ de diamètre : F.

EAU ÉLEVÉE PAR MINUTE									
à 1 mètre de hauteur.	à 2 mètres de hauteur.	à 3 mètres de hauteur.	à 4 mètres de hauteur.	à 5 mètres de hauteur.	à 6 mètres de hauteur.	à 7 mètres de hauteur.	à 8 mètres de hauteur.	à 9 mètres de hauteur.	à 10 mètres de hauteur.
50,555 litres ou kil.	19,636 litres ou kil.	13,091 litres ou kil.	9,818 litres ou kil.	7,853 litres ou kil.	6,545 litres ou kil.	5,609 litres ou kil.	4,903 litres ou kil.	4,371 litres ou kil.	3,915 litres ou kil.

Pompe de Sauvetage pour la Navigation de 1 m. 20ᶜ de diamètre : F.

EAU ELEVÉE PAR MINUTE

à 1 mètre de hauteur.	à 2 mètres de hauteur.	à 3 mètres de hauteur.	à 4 mètres de hauteur.	à 5 mètres de hauteur.	à 6 mètres de hauteur.	à 7 mètres de hauteur.	à 8 mètres de hauteur.	à 9 mètres de hauteur.	à 10 mètres de hauteur.
60,463 litres ou kil.	23,368 litres ou kil.	15,579 litres ou kil.	11,684 litres ou kil.	9,345 litres ou kil.	7,789 litres ou kil	6,675 litres ou kil.	5,835 litres ou kil.	5 202 litres ou kil.	4,659 litres ou kil.

Pompe Industrielle de 1 m. 20ᶜ de diamètre : F.

EAU ELEVÉE PAR MINUTE

à 1 mètre de hauteur.	à 2 mètres de hauteur.	à 3 mètres de hauteur.	à 4 mètres de hauteur.	à 5 mètres de hauteur.	à 6 mètres de hauteur.	à 7 mètres de hauteur.	à 8 mètres de hauteur.	à 9 mètres de hauteur.	à 10 mètres de hauteur.
60,463 litres ou kil.	23,368 litres ou kil.	15,579 litres ou kil.	11,684 litres ou kil.	9,345 litres ou kil.	7,789 litres ou kil.	6,675 litres ou kil.	5,835 litres ou kil.	5,202 litres ou kil.	4,659 litres ou kil.

Pompe de Sauvetage pour la Navigation de 1 m. 25ᶜ de diamètre : F.

EAU ÉLEVÉE PAR MINUTE.

à 1 mètre de hauteur.	à 2 mètres de hauteur.	à 3 mètres de hauteur.	à 4 mètres de hauteur.	à 5 mètres de hauteur.	à 6 mètres de hauteur.	à 7 mètres de hauteur.	à 8 mètres de hauteur.	à 9 mètres de hauteur.	à 10 mètres de hauteur.
65,281 litres ou kil.	25,356 litres ou kil	16,904 litres ou kil.	12,678 litres ou kil.	10,140 litres ou kil.	8,452 litres ou kil.	7,243 litres ou kil.	6,331 litres ou kil.	5,644 litres ou kil.	5,055 litres ou kil.

Pompe Industrielle de 1 m. 25ᶜ de Diamètre : F.

EAU ÉLEVÉE PAR MINUTE.

à 1 mètre de hauteur.	à 2 mètres de hauteur.	à 3 mètres de hauteur.	à 4 mètres de hauteur.	à 5 mètres de hauteur.	à 6 mètres de hauteur.	à 7 mètres de hauteur.	à 8 mètres de hauteur.	à 9 mètres de hauteur.	à 10 mètres de hauteur.
65,281 litres ou kil.	25,356 litres ou kil	16,904 litres ou kil.	12,678 litres ou kil.	10,140 litres ou kil.	8,452 litres ou kil.	7,243 litres ou kil.	6,331 litres ou kil.	5,644 litres ou kil.	5,055 litres ou kil.

Pompe de Sauvetage pour la Navigation de 1 m. 30ᶜ de diamètre : F.

EAU ÉLEVÉE PAR MINUTE									
à 1 mètre de hauteur.	à 2 mètres de hauteur.	à 3 mètres de hauteur.	à 4 mètres de hauteur.	à 5 mètres de hauteur.	à 6 mètres de hauteur.	à 7 mètres de hauteur.	à 8 mètres de hauteur.	à 9 mètres de hauteur.	à 10 mètres de hauteur.
70,642 litres ou kil.	27,427 litres ou kil.	18,284 litres ou kil.	13,713 litres ou kil.	10,968 litres ou kil.	9,142 litres ou kil.	7,834 litres ou kil.	6,848 litres ou kil.	6,105 litres ou kil.	5,468 litres ou kil.

Pompe Industrielle de 1 m. 30ᶜ de diamètre : F.

EAU ÉLEVÉE PAR MINUTE									
à 1 mètre de hauteur.	à 2 mètres de hauteur.	à 3 mètres de hauteur.	à 4 mètres de hauteur.	à 5 mètres de hauteur.	à 6 mètres de hauteur.	à 7 mètres de hauteur.	à 8 mètres de hauteur.	à 9 mètres de hauteur.	à 10 mètres de hauteur.
70,642 litres ou kil.	27,427 litres ou kil.	18,284 litres ou kil.	13,713 litres ou kil.	10,968 litres ou kil.	9,142 litres ou kil.	7,834 litres ou kil.	6,848 litres ou kil.	6,105 litres ou kil.	5,468 litres ou Kil.

Pompe de Sauvetage pour la Navigation de 1 m. 40ᶜ de diamètre : F.

EAU ELEVÉE PAR MINUTE									
à 1 mètre de hauteur.	à 2 mètres de hauteur.	à 3 mètres de hauteur.	à 4 mètres de hauteur.	à 5 mètres de hauteur.	à 6 mètres de hauteur.	à 7 mètres de hauteur.	à 8 mètres de hauteur.	à 9 mètres de hauteur.	à 10 mètres de hauteur.
81,890 litres ou kil.	31,808 litres ou Kil.	21,205 litres ou kil.	15,904 litres ou kil.	12,720 litres ou kil.	10,602 litres ou kil.	9,086 litres ou kil.	7,942 litres ou kil.	7,080 litres ou Kil	6,341 litres ou Kil.

Pompe Industrielle de 1 m. 40ᶜ de diamètre : F.

EAU ELEVÉE PAR MINUTE									
à 1 mètre de hauteur.	à 2 mètres de hauteur.	à 3 mètres de hauteur.	à 4 mètres de hauteur.	à 5 mètres de hauteur.	à 6 mètres de hauteur.	à 7 mètres de hauteur.	à 8 mètres de hauteur.	à 9 mètres de hauteur.	à 10 mètres de hauteur.
81,890 litres ou Kil.	31,808 litres ou Kil.	21,205 litres ou Kil.	15,904 litres ou Kil.	12,720 litres ou Kil.	10,602 litres ou Kil.	9,086 litres ou Kil.	7,942 litres ou Kil.	7,080 litres ou Kil.	6,331 litres ou Kil.